EL PRINCIPIO DE LAS

jirafas BEBÉS

KATE RIGGS

CREATIVE EDUCATION

TABLA DE

CONTENIDO

SOY UNA CRÍA DE JIRAFA.

Soy una jirafa bebé.

¡Mira mis largas pestañas y mi melena corta!

Cuando nací, medía seis pies (1.8 m) de altura. Podria pararme, caminar, y correr dentro de una hora.

Mi madre me lamió para limpiarme.

Tengo "cuernos" peludos en mi cabeza. Se llaman osiconos. Mi pelaje tiene manchas.

Ninguna otra jirafa tiene manchas iguales a las mías.

Me alimento de la leche de mi madre. Luego comenzaré a comer plantas.

¡Me encantan las hojas de acacia!
Mi cuello crece cada vez más.
Para mi primer cumpleaños, mediré
12 pies (3.6 m) de altura.

¡Soy una jirafa joven!

HABLA Y ESCUCHA

UUUUHNG!

¿Puedes hablar como una cría de jirafa? Las jirafas pueden hacer zumbidos, resoplar, silbar, y gruñir.

Escucha esos sonidos:
https://www.youtube.com/watch?v=w618jriMW0M

¡Ahora es tu turno!

PALABRAS BEBÉS

acacia: un árbol o arbusto que crece en África, que tiene flores amarillas o blancas; las jirafas comen sus hojas y ramitas

melena: el pelaje más largo del cuello de la jirafa

osiconos: partes de la cabeza de la jirafa que parecen cuernos y que están cubiertas de piel y pelaje

ÍNDICE

PUBLICADO POR CREATIVE EDUCATION
P.O. Box 227, Mankato, Minnesota 56002
Creative Education es una marca editorial de The Creative Company
www.thecreativecompany.us

DISEÑO Y PRODUCCIÓN
de Chelsey Luther & Joe Kahnke
Dirección de arte de Rita Marshall
Traducción de TRAVOD, www.travod.com

FOTOGRAFÍAS de Alamy (Peter Mundy, Christian Musat, PA Images, JUAN CARLOS MUÑOZ ROBREDO, Lorraine Swanson), Getty Images (Sean Gallup/Getty Images News), iStockphoto (Musat), Shutterstock (Justin Black, Bohbeh, Hein Myers Photography, Eric Isselee, SasaStock)

INFORMACIÓN DEL CATÁLOGO DE PUBLICACIONES
de la Biblioteca del Congreso is available under PCN 2019930515.
ISBN 978-1-64026-277-5 (library binding)